Inhaltsverzeichnis

Vorbemerkungen / Hinweise zu den Angeboten

Margit Auers Buchreihe „Die Schule der magischen Tiere“ ist sehr erfolgreich. Das erste Buch kam im Jahr 2013 heraus. Inzwischen (Stand 2026) gibt es bereits 16 Bände, die bislang in 26 Sprachen übersetzt wurden. Neben Hörspielen sind auch Kinofilme entstanden.

Zum Inhalt des Buches:
Ida ist neu an der Wintersteinschule. Zuerst fühlt sie sich gar nicht wohl in der neuen Klasse, denn die angeberische Helene und der schlaue Max machen ihr das Leben schwer. Aber auch Miss Cornfield, die Lehrerin der Klasse, ist neu an der Schule. Und sie hat ein Geheimnis: Sie weiht die Kinder ein und berichtet ihnen von ihrem Bruder Mortimer Morrison und seiner magischen Zoohandlung. Jedes Kind der Klasse wird irgendwann ein magisches Tier erhalten, das ihm zur Seite steht. Ida und Benni sind die ersten, die ihre Tiere bekommen. Und damit nimmt ein tolles Abenteuer seinen Anfang!

Zur Konzeption des Lektürebegleiters:
Der Lektürebegleiter enthält ein Lese-Begleit-Heft mit zweifach differenzierten Angeboten zu den wichtigsten Themen des Buches. Die Angebote beziehen sich chronologisch auf das Buch.
Der Schwierigkeitsgrad des jeweiligen Angebotes ist durch die Symbole am oberen, rechten Blattrand gekennzeichnet.

- 1. Differenzierungsstufe = Schüler*innen verfügen noch nicht über ausreichend Lesestrategien – Verständnisschwierigkeiten liegen vor (Niveau 3)
- 2. Differenzierungsstufe = Schüler*innen verfügen über gute Lesestrategien – keine Verständnisschwierigkeiten (Niveau 4)

Tipp: Das Buch kann in Abschnitten auch zu Hause gelesen werden. Zu dem jeweiligen Abschnitt können dann entsprechende Aufgaben bearbeitet werden. Lassen Sie die Schüler*innen ein Lesetagebuch führen und veranstalten Sie immer wieder Lesekonferenzen (s. S. 3).
Aufgaben, die sich besonders auf die **Medienkompetenz** beziehen, sind mit gekennzeichnet.

Lesetagebuch
Das Buch „Die Schule der magischen Tiere“ kann nicht nur in der Schule, sondern auch zu Hause gelesen werden. Damit Sie dennoch einen Eindruck von der Lektüre Ihrer Schüler*innen bekommen und diese sich möglichst persönlich mit dem Buch auseinandersetzen können, eignet sich zum Beispiel ein Lesetagebuch. Die Schüler*innen können hier alles eintragen, was ihnen bei der Lektüre des Buches gut gefällt oder was sie bewegt:

- Handlungsverlauf / Inhaltsangaben zu den Kapiteln
- wichtige Ereignisse
- Personen und Charaktere (z. B. als Steckbrief, als Zeichnung oder in Form eines Textes wie eines Briefes der Romanfigur)
- etwas zur Autorin / Steckbrief
- Zeichnungen, Collagen, Lapbookelemente
- Buchrezension, die eigene Meinung zum Buch / Buchkritik
- Was hat dir gefallen? / Was war nicht so gut?
- Fragen zum Text, Verständnisprobleme

Eine Vorlage für ein Lesetagebuch finden Sie auf S. 4. Sie können die Lesetagebücher am Ende einsammeln und auch benoten. Dies sollten Sie Ihren Schüler*innen jedoch vor Beginn der Lesetagebücher mitteilen und die Bewertungskriterien mit ihnen besprechen.

Als Lesetagebuch eignet sich ein Hefter, in den die Kinder ihre Tagebucheinträge einheften. Hier können auch die Arbeitsblätter aus dem Unterricht eingefügt werden. Als Deckblatt kann das Deckblatt vom Lesebegleitheft (s. S. 5) gewählt werden. Auf der zweiten Seite sollte dann eine Tabelle folgen, in die die Kinder eintragen, wann sie welches Kapitel gelesen haben.

Lesekonferenz (Regelplakat)
Jeweils 3 – 4 Teilnehmer*innen finden sich zu einer Lesekonferenz zusammen. Teilen Sie die Gruppen ein, sodass starke und schwache Leser*innen zusammenkommen. Diese Gruppen können auch immer wieder gewechselt werden. Die Kinder sollen über ein Kapitel sprechen, das sie zu Hause gelesen haben. Was ist passiert, wie haben sie den Inhalt verstanden? Was fanden sie gut, was nicht so gut? Gibt es etwas, worüber die Meinungen auseinandergehen?
Hilfestellungen für eine Lesekonferenz können ein Regelplakat und eine Vorlage sein, die hilft, den Text zu charakterisieren. Evtl. können die Schüler*innen zu Hause oder Sie als Lehrkraft Fragen und Stichpunkte zum Text vorbereiten, die dann in der Konferenz bearbeitet werden.

Mögliche Regeln für Lesekonferenzen
1. Leise den Text lesen.
2. Reihum den Text vorlesen.
3. Eine Frage zum Text beantworten.
4. Sagen, worum es im Text geht.
5. Sagen, wie der Text weitergeht.

Zu den Arbeitsblättern
Sie können die Aufgaben zur MK Medienkompetenz an vielen Stellen in das Projekt einbeziehen. Lassen Sie die Schüler*innen zum Beispiel zu verschiedenen Aspekten im Internet recherchieren. Sie können manche Aufgaben auch umwandeln, indem die Schüler*innen, anstatt auf dem Papier zu schreiben, einen Laptop, ein Tablet oder einen PC nutzen.

Weitere Ideen:
- Nutzen Sie den Steckbrief für ein magisches Tier (S. 18) auch als Blanko-Vorlage für weitere magische Tiere. Im Rahmen dieses Lektürebegleiters ist die Vorlage für Steckbriefe von Rabbat und Henrietta gedacht. Doch wenn die Kinder andere Bücher der Reihe lesen, können sie weitere Steckbriefe anfertigen.
- Lesen Sie die weiteren Bände innerhalb einer Vorlesezeit (z. B. während der Frühstückspause) vor.
- Hören Sie gemeinsam das Hörspiel zum Buch und lassen Sie die Kinder eine Hörspielkritik verfassen. Alternativ kann auch das Hörbuch gehört werden.
- Basteln Sie mit den Kindern Stabpuppen und lassen Sie die Kinder einzelne Kapitel in einem Schattentheater-Stück umsetzen. Die Kinder können gruppenweise ein Kapitel oder einen Leseabschnitt bearbeiten, sodass am Ende die komplette Geschichte erzählt wird.
- Schreiben Sie mit Ihrer Klasse einen Brief an Margit Auer und / oder Nina Dulleck.
- Um die Ergebnisse in der Klasse digital festzuhalten, kann ein Padlet, ein Klassenblog oder ein Klassenchatroom eingerichtet werden. Hier können alle Ergebnisse hochgeladen werden.
  Tipp: *www.padlet.com*

Anmerkung: Liebe Lehrkraft, wir möchten in unseren Materialien niemanden benachteiligen oder diskriminieren. Daher nutzen wir unter anderem das Gendersternchen, um alle Geschlechter anzusprechen. In Texten für Schüler*innen verzichten wir jedoch aus Gründen der besseren Lesbarkeit darauf und nutzen weiterhin entweder die „neutrale“ Form oder Doppelformen. Selbstverständlich sind stets alle Geschlechter gemeint.

Lesetagebuch – Vorlage

Kapitel / Seiten	Ort und Zeit	Kurze Beschreibung der Handlung	Personen-charakterisierung	Besonderheiten	eigene Gedanken, Beobachtungen, Ideen, Fragen

Mein Lese-Begleit-Heft zu:

Die Schule der magischen Tiere

von Margit Auer

Name: ___________________________________

Klasse: ___________________________________

Name: ________________________ Datum: ______________

Das Abenteuer geht los!

Lies Seite 4 bis 12.

Ein Buch ist mehr als nur eine Geschichte.
Damit Leser ein Buch in die Hand nehmen, kaufen und lesen, muss es interessant sein. Dafür lassen sich die Menschen, die das Buch im Verlag veröffentlichen, eine Menge einfallen. Zum Beispiel:

- **Titel:** Dieser verrät bereits ein bisschen davon, worum es in der Geschichte geht, lässt aber auch noch Fragen offen.
- **Cover:** Das ist die Vorderseite des Buches. Sie zeigt ein zur Geschichte passendes Bild.
- **Klappentext:** Dieser Text steht auf der Rückseite des Buches. Hier wird in wenigen Sätzen erzählt, worum es in dem Buch geht.
- **Erste Seiten / Einleitung:** Hier erfährt der Leser etwas, das bereits vor Beginn des Buches interessant sein könnte. In diesem Buch sind das die Vorstellung der Figuren, das Telegramm und die kurze Vorgeschichte in der Antarktis.
- **Inhaltsverzeichnis:** Es zeigt, aus welchen Teilen / Kapiteln das Buch besteht, wie sie heißen und auf welcher Seite sie beginnen. Das Inhaltsverzeichnis gibt dir einen guten Überblick über den Inhalt des Buches

Nimm dein Buch in die Hand und sieh dir die Teile des Buches an.
Lies die Texte auf S. 4/5 und 9 – 12.
Schreibe auf, ob du sie gut findest. Bekommst du Lust, das Buch zu lesen, oder eher nicht?

	Ich finde daran gut, dass … / Ich finde nicht so gut, dass …
Titel	
Cover	
Klappentext	
Erste Seiten / Einleitung	
Inhaltsverzeichnis	

Name: ______________________ Datum: ______________

Benni und Ida

Lies Kapitel 1 bis 2.

In den ersten beiden Kapiteln erfährst du viel über Benni und Ida.
Kannst du dich noch erinnern, welche Informationen du gelesen hast und zu welchem Kind sie gehören?

1. Male alle Informationen zu Benni grün, alle Informationen zu Ida gelb an.
2. Schreibe die Buchstaben für jedes Kind der Reihenfolge nach unten in die Kästchen.

I	… heißt mit Nachnamen Kronenberg.
W	… hat einen Onkel mit dem Namen Johnnie.
N	… mag Vampire.
I	… hätte fast einen Unfall mit einem Radfahrer verursacht.
N	… schläft in einem Piratenbett.
T	… ist ein Junge.
S	… lebt über einem Friseursalon.
C	… kann nicht schlafen.
E	… fährt gerne Skateboard.
H	… hat eine Freundin mit dem Namen Miriam.
R	… will nicht immer der Letzte sein.
U	… ist ein Mädchen.
L	… wünscht sich, schnell neue Freunde zu finden.
S	… heißt mit Nachnamen Schubert.
E	… wäre fast aus dem Fenster gefallen.
T	… ist einer Schlange und einem Streifenhörnchen begegnet.
E	… hört sich oft die Radiosendung „Die dritte Dimension“ an.

Buchstaben für Benni								Buchstaben für Ida							
W								I							

3. Wie fühlt sich Ida in der neuen Klasse?
   Nenne Textstellen für deine Antwort.
4. Beschreibe mit fünf Stichworten die neue Lehrerin Miss Cornfield.

Name: ______________________ Datum: ______________

Benni und Ida lernen sich kennen

Lies Kapitel 1 bis 2.

Ida lernt viele neue Kinder in ihrer Klasse kennen. Es ist gar nicht so einfach, sich zu merken, wie die Kinder heißen. Hilf Ida!

1. Wer ist gemeint? Lies im Text nach und schreibe die Namen auf.

a) ______________ fährt gerne Skateboard.

b) ______________ ist die Anführerin der Mädchen. Sie hat einen Prinzessinnenrucksack.

c) ______________ hat eine runde Brille auf der Nase.

d) ______________ stolpert oft über die eigenen Füße.

e) ______________, ______________ und ______________ sind Helenes Freundinnen.

f) ______________ war in den Ferien jeden Tag im Freibad.

g) ______________ trägt eine uralte Schultasche.

h) ______________ trinkt gerne Schokokaba.

i) ______________ und ______________ können Türkisch sprechen.

j) ______________ ist ein Glückspilz.

2. Welche Kinder machen auf dich einen netten Eindruck, welche nicht?

____

____

3. Wie findest du Miss Cornfield? Begründe deine Meinung.

____

____

4. Schreibe eine Personenbeschreibung zu Bennie, Ida oder einem der anderen Kinder auf ein Blatt. Schreibe hierfür alle Informationen (Name, Alter, Aussehen …) auf, die du über die Person im Buch findest.

Name: ______________________________ Datum: ________________

Neu in der Klasse sein

Schon am Abend vor Schulbeginn ist Ida sehr aufgeregt und kann nicht schlafen. Sie hat Angst, dass sie in der neuen Klasse keine Freunde findet.

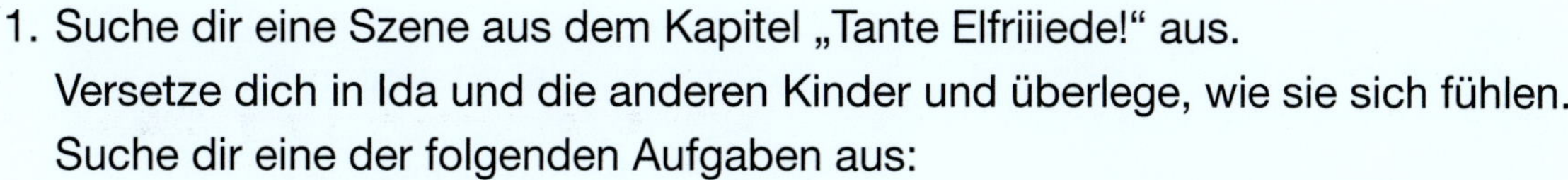

1. Suche dir eine Szene aus dem Kapitel „Tante Elfriiiede!“ aus.
   Versetze dich in Ida und die anderen Kinder und überlege, wie sie sich fühlen.
   Suche dir eine der folgenden Aufgaben aus:

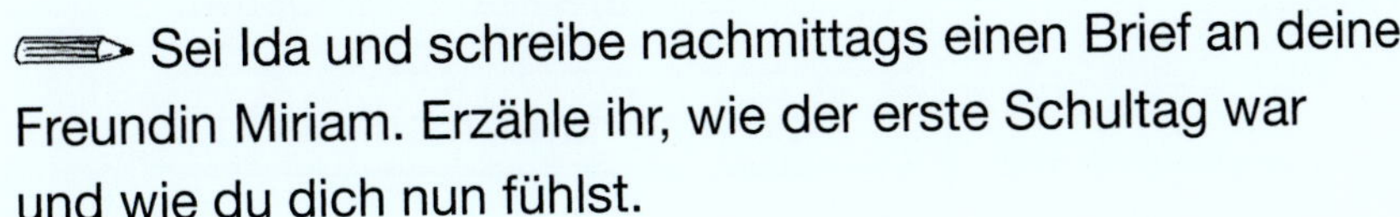

Sei Ida und schreibe nachmittags einen Brief an deine Freundin Miriam. Erzähle ihr, wie der erste Schultag war und wie du dich nun fühlst.

Male ein Bild von der Szene. Wie fühlt sich Ida? Wie fühlen sich die anderen Kinder? Male so, dass man die Gefühle an den Gesichtern und der Körperhaltung erkennen kann.

Erstellt ein Standbild, in dem man sehen kann, wie es den Personen aus der Szene geht. Achtet auf Gesichtsausdruck, Körperhaltung, Abstand zu anderen Personen. Vielleicht könnt ihr das Standbild von eurer Lehrkraft fotografieren lassen. Ihr könnt auch einen Text dazu schreiben, der euer Standbild erklärt.

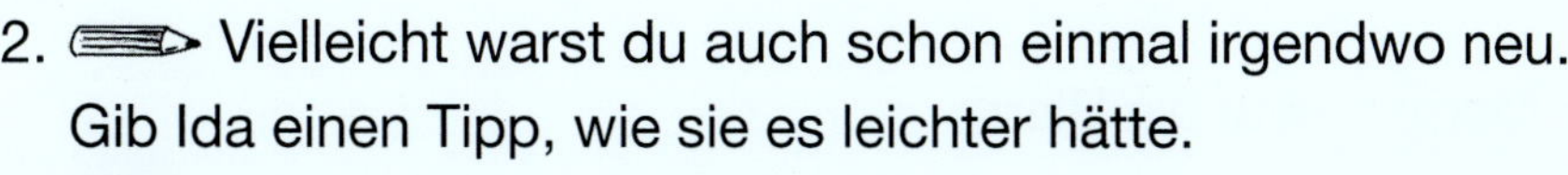

2. Vielleicht warst du auch schon einmal irgendwo neu.
   Gib Ida einen Tipp, wie sie es leichter hätte.
   Tipp:

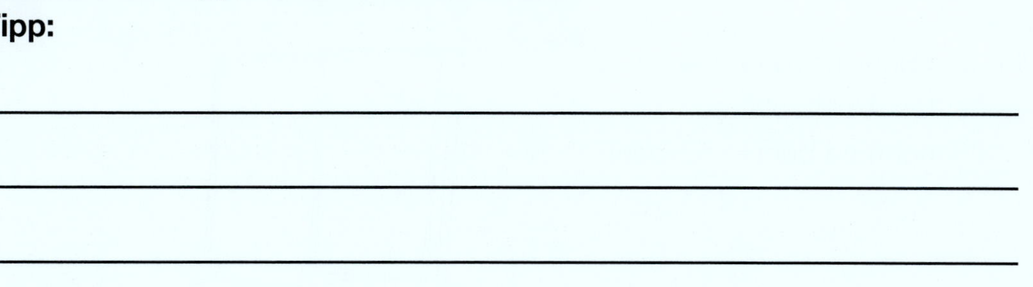

____

____

____

____

Name: ______________________________ Datum: ______________

Idas neue Klasse

Lies Kapitel 3 bis 5.

1. Ida überlegt, wen sie als Referat-Partner haben könnte. Was denkt sie über die Jungen aus der Klasse? Male in derselben Farbe an, was zusammengehört.

Max, der Professor, …	… ist zu verpennt.
Benni …	… ist in Ordnung.
Schoki mit der Strickmütze …	… wäre Ida am liebsten.
Jo …	… weiß manchmal mehr als Ida.

2. Was bekommt Ida von Benni?

____

____

3. In jeder Zeile ist etwas falsch. Streiche durch und verbessere.

- Die Sportstunde findet an einem regnerischen Freitag statt.
- Auf dem T-Shirt von Jo steht: „Ich bin doof und was bist du?“
- An die Tür der Jungen-Toilette hat jemand „Benni ist eine lahme Schnecke!“ geschrieben.
- Mortimer Morrison ist der Inhaber der magnetischen Zoohandlung.
- Miss Cornfield erklärt: „Unsichtbar werden die magischen Tiere immer.“
- Mister Morrisons magisches Tier ist Pinkie, das Stachelschwein.
- Das magische Tier bleibt bei seinem Kind für zwei Stunden.

4. Male ein Bild von Mister Morrison auf ein Blatt.

5. Schreibe den Schwur von Seite 63 auf die Rückseite des Arbeitsblattes. Schreibe ihn mit leuchtend bunten Farben!

Name: ________________________ Datum: ______________

Idas neue Klasse

Lies Kapitel 3 bis 5.

1. Ida überlegt, wen sie als Referat-Partner haben könnte. Was denkt sie über die Jungen aus ihrer Klasse? Schreibe passende Sätze auf.

   Max: ________________________

   Benni: ________________________

   Silas: ________________________

   Schoki: ________________________

   Jo: ________________________

2. Verbinde die Sätze richtig.

Benni sieht	nicht sehr begeistert	ihre Ohrringe auf ihr Pult.
Am nächsten Tag	beim Staffellauf	so schnell sie kann.
Ida ist	einen alten Omnibus,	und denkt nur an das Referat.
Vor der Sportstunde	legt sie	Ida eine Geburtstagseinladung.
Ida läuft	gibt Benni	in dem Miss Cornfield sitzt.

3. Idas Klasse bekommt Besuch. Mister Morrison wird den Kindern magische Tiere bringen. Erkläre mit deinen eigenen Worten, was magische Tiere sind und was sie können.

   ____

   ____

   ____

   ____

4. Schreibe den Schwur von Seite 63 auf die Rückseite des Arbeitsblattes. Schreibe ihn mit leuchtend bunten Farben!

Name: ______________________ Datum: ______________

Unsere Klasse: Jeder kann etwas – zusammen sind wir spitze!

Im dritten Kapitel machen sich Benni und Ida Gedanken über sich und ihre Klassenkameraden. Benni fühlt sich schlecht, weil er manchmal etwas langsam ist. Ida mag Jo, weil er so cool ist, aber Helene findet sie zu eingebildet.
Jeder Mensch kann manche Dinge besonders gut (Stärken), andere weniger gut (Schwächen). In einer Klasse kommen Kinder mit ganz vielen unterschiedlichen Stärken zusammen. Wenn sich alle auf ihre Stärken konzentrieren und sich gegenseitig helfen, hat man eine ganz tolle Klassengemeinschaft.

1. Überlegt gemeinsam, wer in eurer Klasse welche Stärken hat.

In unserer Klasse gibt es Kinder, die …

- gut im Sport sind: ______________________
- fleißig sind: ______________________
- schlau sind: ______________________
- nett sind: ______________________
- gerne helfen: ______________________
- gut lesen können: ______________________
- tolle Geschichten erzählen: ______________________
- lustige Witze machen: ______________________
- gut zuhören: ______________________
- gerne teilen: ______________________
- ______________ : ______________________

2. Wir sind eine tolle Klasse, weil wir …

____

____

3. So könnten wir als Klasse noch toller werden:

____

____

Name: ______________________ Datum: ______________

Alles läuft schief

Lies Kapitel 6 bis 8.

1. Kapitel 7 heißt „Alles läuft schief“. Was läuft denn alles schief? ☒ Kreuze an.

	Ida kommt zu spät zur Schule und muss eine Strafarbeit schreiben.
	Idas Haarspange fällt in eine Pfütze und wird dreckig.
	Idas Ohrring verschwindet und taucht in Bennis Turnbeutel auf.
	Ida vergisst Bennis Geburtstag.
	Benni hat in der Mathearbeit eine 6.
	Benni läuft noch viel schlechter als sonst im Sportunterricht.
	Ida hofft darauf, dass Jo ihr Referats-Partner wird, aber es wird Benni.

2. Benni wartet an seinem Geburtstag auf Ida. Aber sie kommt nicht.
Als er abends im Bett liegt, denkt er nach. Aber er ist so traurig, dass seine Sätze durcheinandergeraten. Schreibe sie richtig in dein Heft.
Denke an die Zeichensetzung.
   - den Tisch Zuerst wir haben festlich gedeckt
   - Um 14.45 Uhr geschaut aus dem Fenster habe ich, ob unterwegs ist Ida schon
   - Onkel Tante kamen Thorsten Ehrentraud und Dann
   - Onkel hat abgesagt Um Johnnie 15.10 Uhr, weil kaputt sein war Motorrad
   - Um Kuchen 15.15 gegessen haben wir dachte Ich kommt Ida gleich bestimmt
   - war Ende die Um 17 Uhr zu Feier. nicht ist gekommen Ida

3. Es gibt mehrere Streitpunkte zwischen den Kindern. Auch zwischen Benni und Jo gibt es Ärger. Weshalb ist Jo sauer auf Benni? Wie fühlt sich Benni dabei?
Suche dir ein anderes Kind und sprecht darüber.
Macht euch Notizen auf der Rückseite dieses Blattes.

4. Benni und Ida bekommen in dieser Woche Post von der magischen Tierhandlung.
Bei Idas Nachricht hängen alle Buchstaben aneinander. Trenne die Wörter und schreibe die Nachricht mit einer leuchtenden Farbe in dein Heft.
Denke an die Groß- und Kleinschreibung.

nachrichtvondermagischenzoohandlung
eswirdeineauswahlgetroffen.zweikinderbekommeneinmagischestier.
dubisteinesdavon.baldistessoweit.
vielegrüßevondermagischenzoohandlung.

Name: ______________________ Datum: ______________

Alles läuft schief

Lies Kapitel 6 bis 8.

1. Kapitel 7 heißt „Alles läuft schief". Was läuft denn schief für Ida und Benni? Schreibe vier Antworten in dein Heft.

2. Was passiert an Bennis Geburtstag? Bringe die Sätze in die richtige Reihenfolge, indem du die Uhrzeiten ergänzt.

14.45 • 17.00 • 15.15 • 15.00 • 15.10 • 15.30

Uhrzeit	
	Benni schaute gespannt aus dem Fenster und freute sich auf Ida.
	Bennis Mutter verteilte den Kuchen.
	Benni packte das Geschenk aus.
14.30	Der Tisch war festlich gedeckt.
	Die Gäste verabschiedeten sich.
	Onkel Thorsten und Tante Edeltraud klingelten.
	Onkel Johnnie rief an und sagte, dass er nicht kommen kann.

3. Es gibt mehrere Streitpunkte zwischen Benni und Jo. Weshalb ist Jo sauer? Suche dir ein anderes Kind und sprecht darüber. Macht euch Notizen auf die Rückseite des Blattes.

4. Ida und Benni sind beide unglücklich. Ida hat Bennis Geburtstagseinladung aus Versehen vergessen und Idas Ohrring gelangt durch Elster Pinkie in Bennis Turnbeutel. Entscheide dich für Benni oder Ida und schreibe einen Tagebucheintrag aus deren Sicht. Was ist schiefgelaufen? Wie fühlt sich Benni / Ida? Wie könnte man das Problem lösen?

5. Welche Möglichkeiten hätte es noch gegeben, die Nachricht an Benni geheimnisvoll zu verpacken? Suche dir eine der Ideen aus oder denke dir eine eigene aus und schreibe die Nachricht verschlüsselt in dein Heft.
   Ideen zum Verschlüsseln der Nachrichten:
   - rückwärts schreiben (z. B.: !Schubert Benjamin An … oder: !trebusch nimajneb na …)
   - Groß- und Kleinbuchstaben vertauschen (zOOHANDLUNG)
   - die Silben in jedem Wort vertauschen (z. B. Zoohandlung → Handlungzoo)
   - die Anfangsbuchstaben in allen Wörtern weglassen

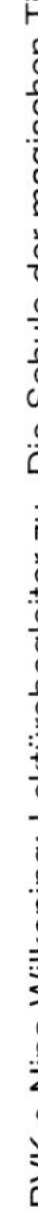

Name: ______________________________ Datum: ________________

Nur noch Missverständnisse!

In den Kapiteln 6 bis 8 geht es um zwei große Missverständnisse:

- Ida vergisst Bennis Geburtstag.
- Benni wird verdächtigt, Idas Ohrring gestohlen zu haben.

Leider schaffen es Benni und Ida nicht, miteinander zu sprechen und die Missverständnisse aufzuklären.
Eigentlich wäre es doch ganz einfach, oder? Ida und Benni müssten nur miteinander sprechen oder ihre Gefühle und Gedanken in einem Brief äußern. Ob das wirklich so einfach ist, kannst du ausprobieren, wenn du allein, zu zweit oder in der Gruppe eine der folgenden Aufgaben aussuchst und umsetzt:

a) Suche dir aus, in welche Rolle du schlüpfen möchtest. Willst du lieber Ida oder lieber Benni sein? Dabei ist es egal, ob du selbst ein Junge oder ein Mädchen bist.
Wenn du Benni sein willst, ✏ schreibe einen Brief an Ida.
Wenn du Ida sein willst, ✏ schreibe einen Brief an Benni.

Tipp: Vielleicht tust du dich mit einem ☺☺ Partnerkind zusammen. Einer schreibt als Ida, einer als Benni einen Brief. Dann tauscht ihr die Briefe und antwortet.

b) ☺☺: Schreibt wie in einem Theaterstück auf, wie Benni und Ida miteinander sprechen und die Missverständnisse beseitigen.
Ihr müsst dazu nur das aufschreiben, was die Kinder sagen.
Zum Beispiel:
Benni: Hallo Ida, Können wir mal reden?
Ida: Ich wüsste nicht, worüber ich mit dir reden sollte.
Benni: …
Ida: …
✏ Schreibt euren Dialog auf und übt, es vorzulesen, sodass ihr eurer Klasse das Gespräch präsentieren könnt.

Name: ______________________ Datum: ____________

Rabbat und Henrietta – zwei magische Tiere

Lies Kapitel 9 bis 11.

1. Stelle dir vor, du könntest dir ein magisches Tier aussuchen.
   a) Welches Tier wäre das?

   ____

   b) Wie sollte das Tier sein? Welche Eigenschaften sollte es haben?

   ____

   c) Wobei könnte es dir helfen? Was würdet ihr zusammen erleben?

   ____

2. Ida schreibt in ihr Tagebuch, wie der erste Tag mit Rabbat, ihrem magischen Tier war. Schreibe aus ihrer Sicht. Überlege, ob Rabbat recht hat. Braucht jeder einen Freund?

3. Benni und Henrietta sind viel hin und hergerannt. Dabei sind die Sätze durcheinandergeraten. Bringe sie in die richtige Reihenfolge.
   Schreibe die Nummern in die Kästchen.

Bevor sie schlafen gehen, machen die beiden gemeinsam Liegestütze.	
Die Schildkröte erzählt Benni von der Karibik.	
Henrietta findet, dass Benni sie nicht schätzt und sich zu wenig kümmert.	
Benni gibt Henrietta Salatgurke zu essen.	
Benni liest Henrietta aus seinen Büchern und Comics vor.	
Benni kann nicht fassen, dass sein magisches Tier nur eine Schildkröte ist.	
Später spielen sie Verstecken.	
Während Benni läuft, isst Henrietta etwas Klee.	
Henrietta kann toll klettern.	
Henrietta macht mit Benni Lauftraining.	

Name: ______________________ Datum: ______________

Rabbat und Henrietta – zwei magische Tiere

Lies Kapitel 9 bis 11.

1. Stelle dir vor, du könntest dir ein magisches Tier aussuchen. a) Welches Tier wäre das?

   ____

   Bild von dem Tier

   b) Wie sollte das Tier sein? Welche Eigenschaften sollte es haben?

   ____

   c) Wobei könnte es dir helfen? Was würdet ihr zusammen erleben?

   ____

   ____

2. In Kapitel 10 sagt Ida zu Rabbat, dass sie nun keine Freunde mehr braucht. Aber Rabbat findet, dass jeder Freunde braucht.
   a) Was meint Rabbat damit?

   ____

   ____

   b) Findest du auch, dass jeder mehrere Freunde braucht? Oder reicht es, wenn man nur einen einzigen Freund hat?

   ____

   ____

3. Benni ist zunächst nicht glücklich mit Henrietta.
   a) Warum ist Benni nicht glücklich?

   ____

   b) Wie geht es Henrietta mit Benni?

   ____

   c) Später erkennt Benni, dass Henrietta doch ganz toll ist. Was findet er an Henrietta toll?

   ____

Name: ______________________ Datum: ______________

Steckbrief für ein magisches Tier

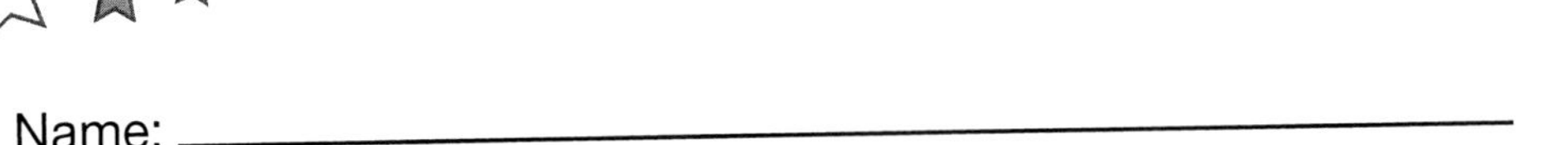

Name: ______________________

Tierart: ______________________

Gehört zu diesem Kind: ______________________

Heimat: ______________________

Aussehen: ______________________

____

____

So verhält sich das Tier:

____

____

So hilft das magische Tier dem Kind:

____

____

Was ich sonst noch über das Tier weiß:

____

____

Ein Bild von dem magischen Tier:

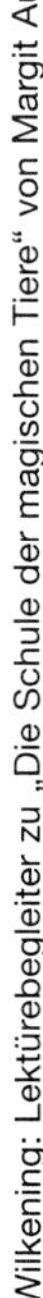

Name: ________________________ Datum: ________________

Zeichenkurs mit Nina Dulleck

Nina Dulleck arbeitet als Illustratorin. Sie hat die Bilder in „Die Schule der magischen Tiere“ gezeichnet.

1. Male ein Bild von Rabbat und ein Bild von Henrietta.

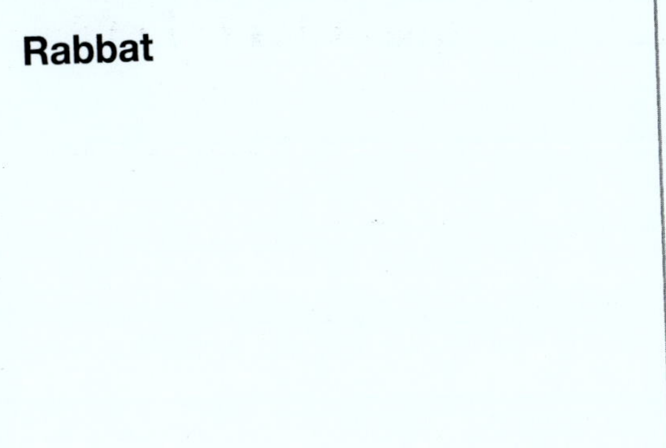

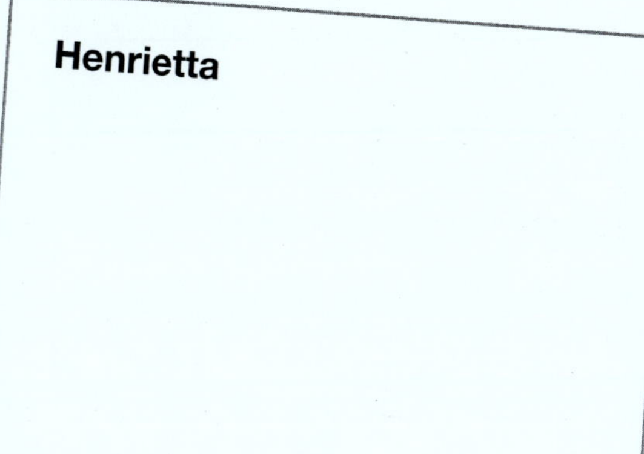

2. Auf *www.youtube.com* gibt es Videos von Nina Dulleck. Sie zeigt zum Beispiel, wie sie Rabbat und Henrietta zeichnet. Suche auf YouTube die beiden Videos „Nina zeichnet Rabbat“ und „Nina zeichnet Henrietta“.
   Versuche noch einmal, mit Hilfe der Videos Rabbat und Henrietta zu  malen.

Rabbat

Henrietta

3. Vergleiche deine Bilder und denke nach: Fällt es dir nach dem Zeichenkurs leichter, einen Fuchs und eine Schildkröte zu malen? Was findest du gut am Zeichenkurs, was würdest du dir anders wünschen? Schreibe in dein Heft.

4. Suche dir noch ein weiteres Video von einem Tier, das du noch nicht kennst. Sieh das Video an und male das Tier auf ein Blatt.

Name: ______________________ Datum: ______________

Regeln und Verbote

Lies Kapitel 12 bis 13.

1. Schreibe die beiden Regeln ab, die in Kapitel 12 in Bennis Heft aufleuchten.

2. Ida zeigt Rabbat die Wintersteinschule. Lies das folgende Schlangenwort und markiere farbig, was sie sich ansehen. Schreibe die Wörter dann unten auf die Linien.

TeichAulaPausenhofSpielplatzToilettenPausenhalleTurnhalleKunstraum
SchulglobusKartenraumSchulbibliothekKellerKohlrabipflanzen

______________ ______________ ______________

______________ ______________ ______________

3. Warum antwortet Jo nur mit blöden Witzen? Besprich dich mit einem anderen Kind.

4. Jo muss zum Direktor. Herr Direktor Siegmann ist verärgert.
Kannst du verstehen warum?

____

5. Was glaubst du, warum Jo sich so verhält? Was könnte dahinterstecken?

____

6. Wie könnte Jo dafür sorgen, dass er weniger Ärger bekommt?
Sammle Ideen. Meine Ideen für Jo:

____

____

BVK • Nina Wilkening: Lektürebegleiter zu „Die Schule der magischen Tiere“ von Margit Auer

Name: ______________________________ Datum: ______________

Regeln und Verbote

Lies Kapitel 12 bis 13.

1. Beschreibe mit deinen eigenen Worten, was Benni erlebt, als er in die Klasse kommt. Achte auch auf die beiden Regeln, die in Bennis Heft aufleuchten.

____

____

2. Wie gefällt dir die Wintersteinschule? Was findest du am besten?

____

3. Miss Cornfield will wissen, was die Klasse über die Mondlandung weiß.
Schreibe die Informationen auf, die du auf den Seiten 117 – 119 bekommst.
Schaue in ein Lexikon oder auf einer Kindersuchseite im Internet nach, ob du noch Informationen findest, die du ergänzen kannst. Schreibe sie auf ein Blatt.

____

____

4. Warum antwortet Jo nur mit blöden Witzen? Besprich dich mit einem anderen Kind.

5. Jo muss zum Direktor. Ergänze im folgenden Text die Zeichensetzung bei der wörtlichen Rede.

Der Hausmeister ruft __ __ Ihr geht jetzt zum Direktor__ __ Die Jungen haben Fußball gespielt. __ Das ist auf dem Schulhof verboten __ __ sagt Herr Siegmann. __ Wenn das nochmal passiert, schreibe ich an eure Eltern __ __ Jo sagt__ __Das ist mir egal__ __ __ Dein Benehmen finde ich unverschämt __ antwortet Herr Siegmann. Er schreibt sofort einen Brief an Jos Eltern. Dann sieht er Jo an und meint __ __ Ich erinnere mich an dich. Heute morgen hast du im Unterricht nur Witze gemacht __ __ Dann wendet er sich an alle Jungen, die Fußball gespielt haben __ __ Nach der Schule müsst ihr den Müll wieder einräumen, der aus den Mülltonnen gefallen ist __ __

Name: ______________________ Datum: ______________

Dicke Luft, Piraten und ein Liebesbrief

Lies Kapitel 14 bis 15.

1. Richtig oder falsch? Kreise ein.

	Richtig	Falsch
In der Pausenhalle riecht es nach Lebkuchen.	R	I
Max und Helene halten ein Referat über Rom.	L	D
Ida freut sich über Bennis Zettel.	I	A
Kein Fremder merkt, dass Rabbat ein magisches Tier ist.	I	E
Ida möchte ein Referat über Windkraft halten.	B	S
Rabbat findet Benni nicht blöd.	T	T
Ida schreibt einen heimlichen Liebesbrief an Max.	!	V
Jo und Sibel müssen das Referat wiederholen.	E	♡

Die Lösung findest du, wenn du zuerst alle eingekreisten Buchstaben und anschließend alle anderen von oben nach unten aufschreibst.

Lösung: ___ ___ ___ ___ ___ ___

___ ___ ___ ___ ___ ___ ___ ___ ___ ___

2. Schreibe die falschen Sätze richtig in dein Heft.

3. Im Referat von Sibel und Jo erfährt man einiges über Piraten. Was genau?
Setze die vertauschten Silben richtig zusammen:

RÄU – SEE – FLAG – BER – GEN: ______________________

BRIE – PER – KA – FE: ______________________

KAR – SCHATZ – TEN: ______________________

SE – SPEI – PLAN: ______________________

TIN – PI – NEN – RA: ______________________

Name: ______________________ Datum: ______________

Dicke Luft, Piraten und ein Liebesbrief

Lies Kapitel 14 bis 15.

1. Benni und Ida treffen sich mehrere Male. Auch Henrietta und Rabbat sind dabei. Wer sagt was? Verbinde die Kästen mit den Kindern und Tieren.

Mit wem würdest du das Referat denn lieber machen?
Dafür bekommen wir nur eine Drei.
Warum warst du nicht auf meiner Geburtstagsfeier?
Ich habe für uns schon das Thema „Atomkraft" vorbereitet.

Die ist aber neunmalklug.
Das war vor drei Wochen! Warum sagst du denn erst jetzt etwas?
Ich möchte lieber das Thema „Piraten" machen.
Los, sag ihr deine Meinung.

2. Findest du es richtig, wie Ida und Benni sich verhalten?

____

Was könnten sie besser machen? Was würdest du ihnen sagen?

a) zu Ida:

____

____

b) zu Benni:

____

____

3. Jo und Sibel berichten in ihrem Referat über Piraten. Leider haben sie sich nicht richtig vorbereitet. Benni weiß es besser.

Jo sagt:	Benni sagt:
Gekämpft haben nur die Männer.	
Auf den Schiffen gab es täglich Schildkrötenfleisch zu essen.	

Name: ______________________________ Datum: ______________

Wissenswertes über Piraten

1. Wenn du mehr über Piraten wissen willst, musst du das folgende Rätsel lösen.
2. Trage alle Buchstaben, die du schon kennst, ein. Versuche dann herauszufinden, welche Buchstaben sich hinter den anderen Zahlen verbergen.
   Tipp: Wenn du Hilfe brauchst, kannst du in einem Lexikon nachschlagen oder du suchst im Internet (z. B. *blinde-kuh.de* Suchwort: Piraten).

1	2	3	4	5	6	7	8	9	10	11	12	13	14	15
A	L			S		O	R	K			B		T	E

16	17	18	19	20	21	22	23	24	25	26
	U									

a) Der berühmteste deutsche Pirat hieß

9	2	1	17	5

5	14	7	15	8	14	15	12	15	9	15	8

b) Begehrte Piratenbeute war

22	7	2	16

c) „Ein Schiff überfallen“ heißt in Piratensprache:

15	18	14	15	8	18

d) Damit die Piraten die versteckte Beute wiederfinden konnten, brauchten sie eine

5	6	19	1	14	25	9	1	8	14	15

e) Piraten, die mit der Erlaubnis eines Königs Schiffe ausraubten, nennt man

11	8	15	4	12	15	17	14	15	8

f) Die Erlaubnis bekamen sie vom König als

9	1	3	15	8	12	8	4	15	11

g) Erst war er Pirat, dann wurde er Piratenjäger.

19	15	18	8	24

10	7	8	22	1	18

h) „Fluch der Karibik“ ist einer der berühmtesten Piratenfilme.
Der Piratenkapitän in diesem Film heißt:

13	1	6	9

5	3	1	8	8	7	26

Drei Buchstaben bleiben übrig: Welche sind es? _____ _____ _____

Name: ______________________ Datum: ______________

Ausflug durch die Nacht

Lies Kapitel 16 bis 19.

1. Beschreibe mit deinen eigenen Worten, was bei dem nächtlichen Ausflug passiert. ✎ Schreibe auf ein Blatt.

2. Benni und Henrietta unterhalten sich am nächsten Tag über ihren nächtlichen Ausflug.
   a) Bringe die Sätze in die richtige Reihenfolge. ✎ Trage hierfür die Nummern in die erste Spalte ein.
   b) Wer spricht denn hier? ✎ Schreibe in die 2. Spalte, wer gerade spricht.

Reihenfolge	Sprecher	
		Ich kann doch nicht zulassen, dass du von der Schule fliegst. Ich hatte wirklich Angst, dass du nicht nachkommst.
		Der Schlafanzug war mir ziemlich peinlich. Hättest du gedacht, dass Jo so gemein sein könnte?
1	Benni	Du hast mir einen ganz schönen Schrecken eingejagt. Als ich aufgewacht bin, warst du einfach weg.
		Ich hatte auch Angst. Aber Angst um dich. War dir der Weg nicht zu weit?
		Nein, das hätte ich Jo nicht zugetraut. Er war wohl sehr traurig und wütend.
		Ich verstehe Jo auch. Aber dass er mich fertigmachen wollte, das war nicht in Ordnung.
		Doch, der Weg war sehr weit. Aber du hattest es so eilig, dass du im Schlafanzug und ohne Schuhe gegangen bist.

3. Jo will sich an Benni rächen. Aber er ist so aufgeregt, dass er beim Sprechen keine Pausen macht. Trenne die einzelnen Wörter durch Striche und ✎ schreibe die Sätze richtig in dein Heft.

DIEMÜLLTONNENSINDUMGEFALLEN,
OBWOHLICHNICHTINDERNÄHEWAR.DUDARFST
AMSTAFFELLAUFTEILNEHMEN.ICHNICHT.DUHASTEIN
MAGISCHESTIER,DASDIRHILFT.WEGENDIRMUSSICHMEIN
REFERATWIEDERHOLEN.ICHHABERICHTIG
VIELÄRGERZUHAUSE.

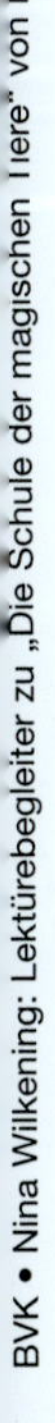

Name: ______________________ Datum: ______________

Ausflug durch die Nacht

Lies Kapitel 16 bis 19.

1. Beschreibe mit zwei bis drei Sätzen, was die Kinder nachts in der Schule erleben. Überlege auch, was passiert wäre, wenn die Kinder erwischt worden wären. Schreibe in dein Heft.

2. Ida schreibt Miriam am nächsten Tag eine E-Mail und erzählt ihr von ihrem nächtlichen Ausflug. Stelle dir vor, du wärst Ida und würdest die E-Mail schreiben. Denke daran, dass Miriam nichts von Rabbat wissen darf!

3. Erstelle ein Rezept für die Stinkebrühe. Schreibe auf, was Jo zusammengemischt hat.

4. Auf Jos T-Shirt steht „Glückspilz". Aber Jo fühlt sich gar nicht wie ein Glückspilz. Welche Sorgen und Probleme hat er? ☒ Kreuze die richtigen Sätze an.
   - ☐ Er muss sein Referat wiederholen.
   - ☐ Er hat in Deutsch eine 6 geschrieben.
   - ☐ Er hat kein magisches Tier, das ihm hilft, wenn es ihm schlecht geht.
   - ☐ Seine Katze ist weggelaufen.
   - ☐ Er kann nicht beim Staffellauf dabei sein.
   - ☐ Sein kleiner Bruder ärgert ihn andauernd.
   - ☐ Er muss dauernd zum Direktor wegen Sachen, für die er nichts kann, zum Beispiel als die Mülltonnen umgefallen sind.
   - ☐ Alle haben mehr Spaß in der Schule als er.

BVK • Nina Wilkening: Lektürebegleiter zu „Die Schule der magischen Tiere" von Margit Auer

Name: ______________________________ Datum: ______________

Lauter Gefühle

In den Kapiteln „Ausflug durch die Nacht“, „Ertappt“ und „Die Stinkebrühe landet im Müll“ geht es um ganz unterschiedliche Gefühle.

1. Welche Gefühle haben Ida, Benni, Rabbat, Henrietta und Jo? Suche die richtigen Gefühle und Gefühlsadjektive aus dem Kasten unten aus und setze sie ein.

Ida hat ______________, dass jemand den Liebesbrief finden könnte.
Rabbat macht Ida ____________________, dass sie den Liebesbrief schon finden werden. Benni empfindet ____________________ vor der Dunkelheit. Henrietta ist ____________________ auf Benni, dass er doch durch die Dunkelheit geht. Jo ist __________________, weil so vieles schief läuft. Er ist ______________ auf Herrn Siegmann. Mit der Stinkebrühe-Aktion will er sich ____________________.
Und ganz besonders ____________________ ist Jo auf Benni.
Benni steht nur ____________________ da, er hat Jo doch gar nichts getan. Aber dann kommt Ida. Sie ist in Jo ____________________.
Ida und Benni hören Jo zu. Sie spenden ihm ____________________.
Zum Glück ist am Ende alles in Ordnung und die drei Kinder und zwei Tiere sind ____________________ und ____________________.
Es ist schon ziemlich spät, ________________ gehen sie nach Hause.

müde – rächen – hilflos – froh – wütend – verliebt – Trost – Angst – Furcht – stolz – Mut – traurig – glücklich – sauer

2. Gefühle können angenehm oder unangenehm sein. Wie empfindest du die Gefühle, die im Kasten stehen? Unterstreiche alle für dich angenehmen Gefühle blau, alle für dich unangenehmen Gefühle rot.

3. Finde noch weitere Beispiele und schreibe sie in eine Tabelle in dein Heft.

angenehme Gefühle	unangenehme Gefühle

Name: ______________________ Datum: ______________

Ende gut – alles gut

Lies Kapitel 20 bis 21.

1. Benni und Ida haben ein neues Thema für ihr Referat gefunden: Rekorde aus der Tierwelt. Beim Vorbereiten ist manches durcheinandergekommen.
   Schreibe die Sätze richtig auf.
   - Das Riesenkänguru taucht 450 m.
   - Der Hai erkennt eine Maus aus 1,5 km Höhe.
   - Der Gepard hat die meisten Zähne. Es sind 30 000.
   - Ein Turmfalke ist das schnellste Tier der Welt.
   - Ein Kaiserpinguin kann am weitesten springen.

   ____

   ____

   ____

   ____

   ____

2. Beim Staffellauf treten für die Wintersteinschule vier Kinder an.
   Erinnerst du dich, welche es waren? **Kreise ein.**
   a) Anna-Lena, Silas, Helene, Schoki
   b) Anna-Lena, Silas, Katinka, Benni
   c) Sibel, Max, Katinka, Benni

3. Endlich hat auch Jo ein magisches Tier, den Pinguin Juri. Und der kann ihm gleich behilflich sein. Was macht Juri, um Jo zu helfen?
   Male ein Bild davon.

4. Im Klassenzimmer befinden sich nun sechs magische Tiere.
   Erinnerst du dich noch daran, welche Tiere es sind und wie sie heißen?

   1. ______________ 2. ______________

   3. ______________ 4. ______________

   5. ______________ 6. ______________

Name: ______________________________ Datum: ______________

Ende gut – alles gut

Lies Kapitel 20 bis 21.

1. Als Ida und Benni ihr Referat halten wollen, haben sie Kakao über ihre Notizen geschüttet. Schreibe die richtigen Wörter in die Flecken

Das ______ kann am weitesten springen.

Der Hai hat 30 000 ______. So viele hat kein anderes Tier.

Der ______ ist das schnellste Landtier der Welt.

Ein ______ erkennt ein kleines Tier aus 1,5 Kilometern Höhe.

Ein Kaiserpinguin kann bis zu 540 Meter ______.

Schreibe die Sätze richtig in dein Heft.

2. Die Wintersteinschule gewinnt den Staffellauf. Wie haben die Kinder das geschafft? Finde Textstellen, die deine Meinung stützen.

____

____

____

3. Mr. Morrison kommt wieder in die Klasse. Wer bekommt das nächste magische Tier? Beschreibe das Tier und was es kann.

____

____

____

4. Im Klassenzimmer befinden sich nun sechs magische Tiere. Welche Tiere sind das? Schreibe in dein Heft und schreibe auch die Namen der Tiere dazu.

Name: ______________________ Datum: ______________

Freunde

Lies Kapitel 20 bis 21.

Am Ende des Buches sind Ida und Benni Freunde geworden. Und Ida hat in ihrer neuen Klasse auch noch weitere Freunde gefunden.

Was bedeutet Freundschaft für dich?
Arbeite im Kasten zum Thema „Freundschaft“. Wähle aus den folgenden Möglichkeiten eine aus:

- ein Bild deines Freundes / deiner Freundin
- ein Text über deinen Freund / deine Freundin
- eine Suchanzeige für einen Freund
- ein Akrostichon zum Wort „FREUND“
- eine Mindmap über Freundschaft
- ein Erlebnis mit deinem Freund / deiner Freundin aufschreiben

Name: ______________________ Datum: ______________

Ein neues Tier für Miss Cornfields Klasse

Lies Seite 198 bis 200.

1. Wo befindet sich Mister Morrison?

____

2. Welche Tiere gibt es dort? Suche acht Tiere im Suchsel (↓ senkrecht und → waagerecht).

X	F	E	U	C	H	T	N	A	S	E	N	A	F	F	E	N
M	Ö	T	U	Ü	Q	W	X	Y	U	M	K	L	Ö	Ä	W	Q
U	H	S	E	E	S	T	E	R	N	E	J	K	X	C	F	D
S	B	G	H	H	J	L	E	Ö	Y	W	C	A	E	W	U	Y
C	V	T	I	G	E	R	H	A	I	E	Z	T	E	K	Ö	X
H	N	M	K	L	R	Ö	Ä	A	X	Y	W	A	Q	T	Z	Y
E	V	F	G	E	F	E	U	E	R	F	I	S	C	H	E	Ö
L	Ö	Ä	B	R	I	L	L	E	N	V	Ö	G	E	L	W	E
N	V	T	O	M	A	T	E	N	F	R	Ö	S	C	H	E	O

3. Mister Morrison findet Caspar, das Chamäleon.
Ein Chamäleon hat eine ganz besondere Eigenschaft. Es kann seine Farbe ändern und ist dadurch oft gut versteckt.
Siehst du das Chamäleon unten im Kasten? Jetzt kann man es sehr gut erkennen. Male einen Hintergrund, in dem sich das Chamäleon versteckt, zum Beispiel grüne Blätter oder rote Blumen. Male das Bild so an, dass man das Chamäleon kaum noch erkennen kann.

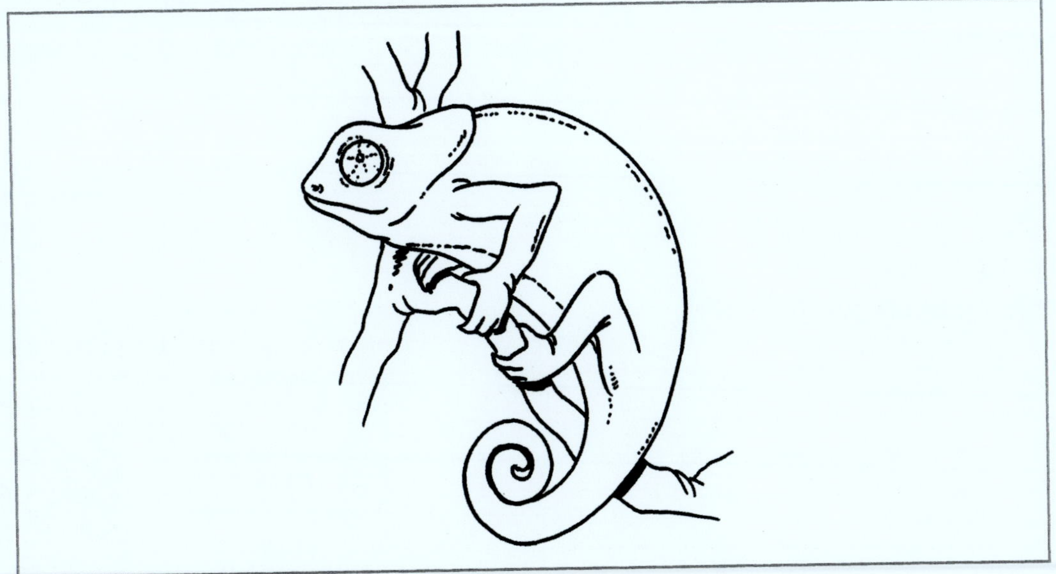

Name: ______________________ Datum: ______________

Eine Buch-Rezension schreiben

Du hast den ersten Band der Reihe „Die Schule der magischen Tiere“ gelesen. Inzwischen gibt es ganz viele Bände dieser Reihe, in der die Kinder und weitere magische Tiere tolle Abenteuer miteinander erleben.

Fülle für ein Buch aus der Reihe den Steckbrief aus.

Titel des Buches:

____

____

Autorin:

____

Illustratorin:

____

Verlag: ______________________

Erscheinungsjahr: ____________ Seitenzahl: ____________

Hauptpersonen des Buches:

____

____

Kurze Inhaltsangabe: Worum geht es in dem Buch?

____

____

____

Bewertung: ☆ ☆ ☆ ☆ ☆

Das fand ich am Buch gut/nicht gut:

____

____

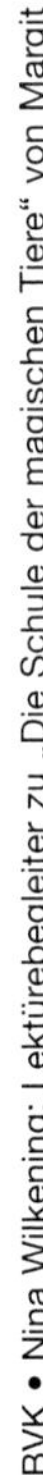

Name: ______________________ Datum: ______________

Die Schule der magischen Tiere – der Film

1. Seht euch gemeinsam den Film „Die Schule der magischen Tiere“ an.

2. Schreibe eine Filmkritik. Hast du dir die Hauptpersonen so vorgestellt? Sieh dir die Liste mit den Personen an. Schreibe zu jeder Person 1 bis 2 Sätze in dein Heft.

Ida **Benni** **Jo**

Helene **Miss Cornfield**

Mr. Morrison **Herr Siegmann**

3. Vergleiche das Buch und den Film. Gibt es Stellen, die im Film anders sind als im Buch?

____

____

____

4. Bewerte den Film: Welche Schulnote würdest du ihm geben? Begründe deine Meinung.

____

____

5. Fasse deine Antworten kurz zusammen. Stelle dir vor, dein Text würde in einer Zeitung abgedruckt. Schreibe so, dass ein Leser der Zeitung durch deinen Text entscheiden kann, ob es sich lohnt, den Film zu gucken oder nicht. Schreibe in dein Heft.

BVK • Nina Wilkening: Lektürebegleiter zu „Die Schule der magischen Tiere“ von Margit Auer

Name: ______________________ Datum: ______________

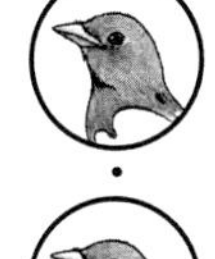

Meine Buchlieblinge

Manchmal ist man traurig, wenn man ein Buch zu Ende gelesen hat, weil es so schön war.
Denke noch einmal an den Inhalt des Buches zurück und schreibe auf, was dir am besten gefallen hat.
Begründe, warum dir etwas besonders gut gefallen hat.

	Begründung (weil …)
Meine Lieblingsperson ist:	
Meine Lieblingsstelle im Buch:	
Das würde ich meiner Lieblingsperson sagen:	
Das würde ich anders schreiben, wenn ich die Autorin / der Autor wäre:	
Das würde ich machen, wenn ich Teil der Geschichte wäre:	

Name: ______________________ Datum: ______________

Wie ist das Buch entstanden?

Margit Auer ist die Autorin des Buches „Die Schule der magischen Tiere".
Sie hat sich die Geschichte ausgedacht und das Buch geschrieben.
Nina Dulleck arbeitet als Illustratorin. Sie hat die Bilder für das Buch gezeichnet.
Recherchiere im Internet zu Margit Auer oder Nina Dulleck. Schreibe für eine der beiden Personen einen Steckbrief. Hilfreiche Internetseiten für deine Recherchen:
www.margitauer.com • www.carlsen.de/Autorin-illustratorin/margit-auer • www.ninadulleck.de • www.carlsen.de/autorin-illustratorin/nina-dulleck
So kann dein Steckbrief aussehen:

Name: ______________________

Geburtstag / Geburtsjahr und Geburtsort:

____

Familie: ______________________

____

Wohnort: ______________________

Was sie schon in ihrer Kindheit gerne machte:

____

Beruf:

____

____

So kam sie zu ihrem Beruf:

____

____

Das habe ich noch über sie herausgefunden:

____

____

Lösungen

S. 7 „Benni und Ida“:
Aufgabe 2:
Lösungswort: WINTERSTEINSCHULE

S. 8 „Benni und Ida lernen sich kennen“:
Aufgabe 1:
a) Benni, b) Helene, c) Max, d) Eddie, e) Finja, Katinka, Anna-Lena, f) Silas, g) Leonie, h) Schoki, i) Sibel und Hatice, j) Jo

S. 10 „Idas neue Klasse“:
Aufgabe 3:
regnerischen → sonnigen, doof → cool, Schnecke → Ente, magnetischen → magischen, immer → nie, das Stachelschwein → die Elster, für zwei Stunden → immer

S. 13 „Alles läuft schief“:
Aufgabe 2:
Zuerst haben wir den Tisch festlich gedeckt. Um 14.45 Uhr habe ich aus dem Fenster geschaut, ob Ida schon unterwegs ist. Dann kamen Onkel Thorsten und Tante Ehrentraud. Um 15.10 Uhr hat Onkel Johnnie abgesagt, weil sein Motorrad kaputt war. Um 15.15 haben wir Kuchen gegessen. Ich dachte, Ida kommt bestimmt gleich. Um 17 Uhr war die Feier zu Ende. Ida ist nicht gekommen.

S. 14 „Alles läuft schief“:
Aufgabe 2:
14.30 / Der Tisch war festlich gedeckt.
14.45 / Benni schaute gespannt aus dem Fenster und freute sich auf Ida.
15.00 / Onkel Thorsten und Tante Edeltraud klingelten.
15.10 / Onkel Johnnie rief an und sagte, dass er nicht kommen kann.
15.15 / Bennis Mutter verteilte den Kuchen.
15.30 / Benni packte das Geschenk aus.
17.00 / Die Gäste verabschiedeten sich.

S. 16 „Rabbat und Henrietta – zwei magische Tiere“:
Aufgabe 3:
richtige Nummernfolge: 10 – 8- 2- 3 – 9 – 1 – 6 – 5 – 7 – 4

S. 21 „Regeln und Verbote“:
Aufgabe 5:
Der Hausmeister ruft: „Ihr geht jetzt zum Direktor“
Die Jungen haben Fußball gespielt. „Das ist auf dem Schulhof verboten“, sagt Herr Siegmann. „Wenn das nochmal passiert, schreibe ich an eure Eltern.“ Jo sagt: „Das ist mir egal.“ „Dein Benehmen finde ich unverschämt“, antwortet Herr Siegmann. Er schreibt sofort einen Brief an Jos Eltern. Dann sieht er Jo an und meint: „Ich erinnere mich an dich.
Heute Morgen hast du im Unterricht nur Witze gemacht.“ Dann wendet er sich an alle Jungen, die Fußball gespielt haben: „Nach der Schule müsst ihr den Müll wieder einräumen, der aus den Mülltonnen gefallen ist!“

S. 22 „Dicke Luft, Piraten und ein Liebesbrief“:
Aufgabe 1:
Lösung: IDA IST VERLIEBT! ♡

Aufgabe 3:
SEERÄUBERFLAGGEN, KAPERBRIEFE, SCHATZKARTEN, SPEISEPLAN, PIRATINNEN

S. 24 „Wissenswertes über Piraten“:
a) Klaus Stoertebeker, b) Gold, c) entern, d) Schatzkarte, e) Freibeuter, f) Kaperbrief, g) Henry Morgan, h) Jack Sparrow; es bleiben Q, V, X übrig

S. 26 „Ausflug durch die Nacht“:
Aufgabe 4:
Er muss sein Referat wiederholen. • Er hat kein magisches Tier, das ihm hilft, wenn es ihm schlecht geht. • Er kann nicht beim Staffellauf dabei sein. • Er muss dauernd zum Direktor wegen Sachen, für die er nichts kann, zum Beispiel als die Mülltonnen umgefallen sind.

S. 27 „Lauter Gefühle“:
Aufgabe 1:
Angst, Mut, Furcht, stolz, traurig, wütend, rächen, sauer, hilflos, verliebt, Trost, glücklich, froh, müde

S. 28 „Ende gut – alles gut“:
Aufgabe 1:
Das Riesenkänguru kann am weitesten springen.
Der Hai hat die meisten Zähne. Es sind 30 000.
Der Gepard ist das schnellste Tier der Welt.
Ein Turmfalke erkennt eine Maus aus 1,5 km Höhe.
Ein Kaiserpinguin taucht 450 m.

Aufgabe 2:
b) Anna-Lena, Silas, Katinka, Benni

S. 31 „Ein neues Tier für Miss Cornfields Klasse“:

	F	E	U	C	H	T	N	A	S	E	N	A	F	F	E	N
M																
U		S	E	E	S	T	E	R	N	E		K				
S												A				
C		T	I	G	E	R	H	A	I	E		T				
H												A				
E					F	E	U	E	R	F	I	S	C	H	E	
L			B	R	I	L	L	E	N	V	Ö	G	E	L		
N		T	O	M	A	T	E	N	F	R	Ö	S	C	H	E	